QING SHAO NIAN KE XUE TAN SUO YING

青少年科学探索营

U0739526

奥秘世界谜团

李 勇 编著　丛书主编 郭艳红

怪物：万物的神奇现象

汕头大学出版社

图书在版编目（CIP）数据

怪物：万物的神奇现象 / 李勇编著. -- 汕头：汕头大学出版社，2015.3（2020.1重印）

（青少年科学探索营 / 郭艳红主编）

ISBN 978-7-5658-1646-8

Ⅰ．①怪… Ⅱ．①李… Ⅲ．①科学知识－青少年读物 Ⅳ．①Z228.2

中国版本图书馆CIP数据核字(2015)第026340号

怪物：万物的神奇现象　　　GUAIWU：WANWU DE SHENQI XIANXIANG

编　著	：李　勇
丛书主编	：郭艳红
责任编辑	：邹　峰
封面设计	：大华文苑
责任技编	：黄东生

出版发行：汕头大学出版社

　　　　　广东省汕头市大学路243号汕头大学校园内　邮政编码：515063

电　　话：0754-82904613

印　　刷：三河市燕春印务有限公司

开　　本：700mm×1000mm 1/16

印　　张：7

字　　数：50千字

版　　次：2015年3月第1版

印　　次：2020年1月第2次印刷

定　　价：29.80元

ISBN 978-7-5658-1646-8

前　言

　　科学探索是认识世界的天梯，具有巨大的前进力量。随着科学的萌芽，迎来了人类文明的曙光。随着科学技术的发展，推动了人类社会的进步。随着知识的积累，人类利用自然、改造自然的的能力越来越强，科学越来越广泛而深入地渗透到人们的工作、生产、生活和思维等方面，科学技术成为人类文明程度的主要标志，科学的光芒照耀着我们前进的方向。

　　因此，我们只有通过科学探索，在未知的及已知的领域重新发现，才能创造崭新的天地，才能不断推进人类文明向前发展，才能从必然王国走向自由王国。

　　但是，我们生存世界的奥秘，几乎是无穷无尽，从太空到地球，从宇宙到海洋，真是无奇不有，怪事迭起，奥妙无穷，神秘莫测，许许多多的难解之谜简直不可思议，使我们对自己的生命现象和生存环境捉摸不透。破解这些谜团，有助于我们人类社会向更高层次不断迈进。

　　其实，宇宙世界的丰富多彩与无限魅力就在于那许许多多的难解之谜，使我们不得不密切关注和发出疑问。我们总是不断地去认识它、探索它。虽然今天科学技术的发展日新月异，达到了很高程度，但对于那些奥秘还是难以圆满解答。尽管经过古今中外许许多多科学先驱不断奋斗，一个个奥秘被不断解开，推进了科学技术大发展，但随之又发现了许多新的奥秘，又不得不向新问题发起挑战。

　　宇宙世界是无限的，科学探索也是无限的，我们只有不断拓展更加广阔的生存空间，破解更多的奥秘现象，才能使之造福于我们人类，我们人类社会才能不断获得发展。

　　为了普及科学知识，激励广大青少年认识和探索宇宙世界的无穷奥妙，根据中外最新研究成果，编辑了这套《青少年科学探索营》，主要包括基础科学、奥秘世界、未解之谜、神奇探索、科学发现等内容，具有很强系统性、科学性、可读性和新奇性。

　　本套作品知识全面、内容精炼、图文并茂，形象生动，能够培养我们的科学兴趣和爱好，达到普及科学知识的目的，具有很强的可读性、启发性和知识性，是我们广大青少年读者了解科技、增长知识、开阔视野、提高素质、激发探索和启迪智慧的良好科普读物。

目 录

喜欢男孩的树林 001

专吃新娘的马路 005

会吃人的奠柏 009

匪夷所思的怪城 013

值得一游的奇城 025

救人性命的流星 031

不平静的棺材 035

杀人的石头 041

能杀人的湖 045

有奇异功能的人 049

自然界的奇物 067

海洋中的口技专家 081

最神秘的海洋动物 085

海洋中最神秘的鲸 097

喜欢男孩的树林

汤姆被树林"吃"掉

汤姆是美国加利福尼亚州的一名活泼可爱的小男孩，但是厄运却降落到他的头上。

1957年3月的一天，汤姆早早地就起床了，因为父亲将带着他去树林里捉小鸟，这正是他梦寐以求的事情，所以他就早早起来准备捉鸟的笼子，以备捉鸟时用。

吃过早饭，汤姆一手提着自己的鸟笼子，一手拉着爸爸的手，同妈妈说了一声再见，就向郊区外的小树林走去，和他们一起去的还有他的哥哥和姐姐。

汤姆好久没出来玩了，所以跑得特别快，不一会儿就钻到小树林中。这时哥哥已经抓到一只麻雀，喊着汤姆过去拿。可是他喊了几声，都没有听到汤姆的回应。刚开始他们以为汤姆在同他们捉迷藏，可是两个小时过去了，汤姆依然没有露面。这下父亲和哥哥姐姐急了，在树林中四处寻找小汤姆的影子，可是把整个树林都找遍了，依然不见汤姆的踪影。

父亲在情急之中报了案，声称自己的儿子不见了。警察带领几百名志愿者，对这个不足一平方千米的小树林进行了地毯式搜索，可仍然一无所获。难道是这片树林把汤姆给"吃"掉了。

接连不断的失踪事件

在汤姆失踪后的半年里，又有两名小男孩在此失踪，而奇怪的是跟这两个小男孩一同玩耍的一个名叫珍妮的小女孩却安然无恙，这不禁引起了人们的怀疑。

当时这三起失踪案并没有引起当地政府的注意，直至1960年，又一名小男孩在此失踪后，政府才认识到这片树林的恐怖，于是下令把这片树林给砍除了。

"重男轻女"的树林

儿童在这片树林的神秘失踪令科学家们大伤脑筋，尤其让他们迷惑不解的是为什么一同在树林中玩的珍妮却一点事儿都没有，并且失踪的大都是年龄在八九岁的男孩。

他们在人们的面前悄

无声息地消失，难道这儿真有一种超自然的力量，能够把人不知不觉地移走？难道上天就只喜欢八九岁的男孩？实在找不出一个满意的答案。

延 伸 阅 读

非洲的马达加斯加岛，有一种能够吃人的神树，当地的土著妇女若违反了部族的戒律，会被驱赶着爬上神树，树上带有硬刺的叶子就会把她紧紧包裹起来，几天后，当树叶重新打开时，这位妇女就只剩下一堆白骨了。

专吃新娘的马路

新娘失踪事件

1973年3月，一对新婚夫妇在埃及阿列基沙特亚市一条叫勒比·坦尼亚的大街上散步。新郎是职业摄影师阿克·沙务，妻子名叫梅丽柏。突然间路面上出现了一个不大的洞穴，新娘梅丽柏跌入洞中，随即消失得无影无踪。警察为此挖掘现场，花费长达1年的时间，但却毫无收获。

　　同年10月份，又发生了第二次新娘失踪事件。一对来埃及旅游的美国夫妇当时正好奇地在坦尼亚大街上漫步游览，新娘卡闻泰夫人就在众目睽睽之下，突然失足陷入一个刚刚在面前出现的坑穴中，身子一晃，人就再也看不见了。

　　其后的1974年至1976年，又发生了4起新娘失踪案件。其中1974年5月失踪的是一位希腊籍新娘哥特尼夫人，1975年则是两位埃及本地新娘，她们分别在结婚数月后失踪。

　　1976年1月15日，发生了有记载的新娘失踪案件中的最后一起。这是一对结婚只有两个月的夫妇，丈夫是25岁的皮尔，新娘是23岁的阿菲·玛利娅。玛利娅正同丈夫并肩走在坦尼亚大街上，忽然她好像被什么力量拖拽着，跌倒在一个直径约60厘米的很深的洞穴里，失去了踪影。事后，警方用铲土机，从坑穴处将路面整个掘开，并向下深掘了约1.5米，然而什么也没有发现。

新娘去哪里了

警方成立了专案小组，负责对发生在勒比·坦尼亚大街上的一系列失踪事件进行调查，尽管警方注意到失踪的都是年少漂亮的新娘，但到头来还是无法结案。

发生在埃及的新娘失踪事件，不仅被载入官方的历史，直至今天，仍有许多科学家前往阿列基沙特亚市进行调查，希望能够找出造成美丽新娘突然在光天化日之下失踪的真正原因。

在埃及民间，对此事件却另有说法，他们认为有一位喜好美色的神，经常在勒比·坦尼亚大街出没，那些美丽的新娘就是被他掳走的。

埃及考古学家准哈布博士提出，坦尼亚大街下可能有古代的水井或贮水池，因而路面突然出现洞穴并不奇怪。但警方在挖掘

开路面后，并未发现任何有关遗迹，况且失踪的都是清一色的新娘，所以准哈布博士关于失踪者落入路面下古水井的推测，无法使人信服。

延 伸 阅 读

1912年，一只从大不列颠开往美利坚合众国的蒸汽船在北大西洋失事，船上的乘客全部遇难。奇怪的是，1990年9月24日人们在北大西洋的冰山上救出一位名叫温妮·考特的女士，自称是那只失事船只的幸存者。她穿着20世纪初的服装，当年29岁的她，经过78年的悠悠岁月，容颜竟然一点也没有变化。

会吃人的奠柏

世界上最凶猛的树

听说过凶猛动物会吃人，还不知道植物竟也能吃人。世界上能吃动物的植物约有500多种，但绝大多数只吃些细小的昆虫，生长在印度尼西亚爪哇岛上的奠柏，居然能"吃"人，听起来真是不可思议，它可以说是世界上最凶猛的树了。

这种树长得很高，有八九米，树枝上长着很多长长的枝条，

垂贴在地面上。这些枝条有的就像快断了的电线，风一吹就左右摇晃，这时有人想去把那些枝条接上或者如果有人不小心碰到了它们，树上所有的枝条就会像魔爪似的向同一个方向伸过来，一下子就把人给卷住，而且会越缠越紧，人根本就脱不了身，更别想离开它。同时，枝条还会分泌出一种胶状的液体，把人消化掉，然后又重新展开等待着下一次机会。

奠柏多么可怕啊！提起它会使人不寒而栗。当地人已掌握了它的"脾气"，只要先用鱼去喂它，等它吃饱后，懒得动了，就赶快去采集它的树汁。因为这树液是制药的宝贵原料。奠柏虽然凶猛，但终究斗不过人，最后还得乖乖地被人们利用。为什么这种树要以人或动物作为自己的养料呢？有科学家研究分析，在爪哇岛上，奠柏生活的这一片土地的土壤相当的贫瘠，这种树长期得不到充足的养料，为了能够生存，就只好练出了这一种绝招。

吃人植物存在吗

在巴拿马的热带原始森林里，生长着一种类似奠柏的"捕人藤"。如果人不小心碰到了藤条，它就会像蟒蛇一样把人紧紧缠住，直至勒死。据报道，在巴西森林里，还有一种名叫亚尼品达的灌木，它的枝头上长满了尖利的钩刺。人或者动物如果碰到了这种树，那些带钩刺的树枝就会一拥而上，把人或动物围起来刺伤。如果没有旁人发现和援助，人或动物就很难摆脱这种困境。这一次次耸人听闻的报道，使植物学家对此不能无动于衷。

1971年，由一批南美洲科学家组成的一支探险队，深入马达加斯加岛，在传闻有吃人树的地区进行了广泛的调查，结果一无

所获。

　　对于食人植物，很多人持肯定态度。众所周知，有一些植物对光、声、触动都很敏感，如葵花向阳，合欢树的叶朝开夜合，含羞草对触动的反应。最近又有人发现，植物也有味觉、痛觉，甚至也会唱歌。由此推论下去，食人植物的存在不是没有可能的。

延 伸 阅 读

　　我国西双版纳地区的傣族人，习惯用箭毒木的毒汁制造毒箭打猎。这种毒箭杀伤力很强，野兽一旦中箭，见血即死，因此人们叫它"见血封喉"。如果进入眼中，眼睛顿时失明；一旦进入血液，能使肌肉松弛、血液凝固，心脏停止跳动。

匪夷所思的怪城

荒无人烟的小库克城

澳洲附近有许多小岛，其中有个岛叫库克岛，在岛的中部有一个荒无人烟的小城市，名叫"小库克城"。城中房屋全部倒塌，到处挂满了蜘蛛网，给人一种阴森森的感觉。

1773年6月15日，寻金探险家库克在这里发现了金矿，于是

他率领掘金工人在这里建房安居。其后，市民将该城取名为"小库克城"，以纪念库克的功劳。

至18世纪末，小库克城已有15000个白人和20000华侨定居在这里，他们大兴土木修建这座城市，小库克城俨然成了华侨的小天下。小库克城内的商业大部分由华侨经营，包括20间酒楼餐馆和一家大银行，其余如制铁厂、五金用具和古玩店等，可以说是应有尽有。当时商业繁盛，黄金很多，市民走私大量黄金，偷运到世界各地，远至欧洲及中国可谓盛极一时。

但到了19世纪中期，该城不知发生了什么变故，市民竟陆陆续续死去，没几年就荒芜了，只留下破房和枯草，没有人再敢居住于此，原因至今不详。

一种传说，当时库克城曾遭邻岛野蛮民族的侵略，大开杀戒，杀尽城内的市民，劫掠一切财宝，然后退回原地。另一传说

则是该地天气反常，市民都被热潮闷死，有些则相继离开，不敢停留下去。这两种传说都有其事实根据，但谁真谁假，到现在还是一个谜。

毒蛇城

在巴西圣保罗省，有一个奇异的城市——毒蛇之城。这是巴西国立蛇疗研究社斥巨资建立起来作为实验用的特区。

在蛇城中，所有城墙、道路、水沟、蛇屋等都是用钢筋水泥和铁制成。在每间圆顶的大蛇房里面，有几十间大大小小的房间，这些房间各有各自的入口处，并由各种各样大小不同的蛇分占着。每个房间都由其居住者私有，如有外蛇侵入，一定会引起战争。更有趣的是，所有这些蛇城中的"居民"，全部在城内青草地上吃饭、散步或游戏。

巴西有许多毒蛇，其中响尾蛇和斑头蛇这两种最毒。这两种毒蛇，平时都住在森林里和潮湿之地。它们胆子很小，听到一点声音就会逃避。

如果有人碰着这两种毒蛇，它们为了自卫，就会射出一种使人致命的毒汁，往往在咬过后24小时内，就会使人中毒死亡，有时则能在短期间内使中毒的部位与人身体脱离。

巴西人还饲养一种叫做"食蛇"的蛇，以帮助除去蛇患。食蛇是不咬人的，专喜欢吃各种有毒的蛇。这种蛇通常身长两米多，皮肤呈青铜色，它不怕一切毒蛇。

当它遇到毒蛇时，便显得若无其事的样子。但它能飞快地咬住毒蛇的喉咙，同时很快地将身子盘紧对方，使被俘虏的毒蛇只能露出头和尾，然后慢慢地将毒蛇脊骨拉断致死。毒蛇死后，食蛇的身体仍继续盘紧，直等到将毒蛇从头至尾吃完才松开。一条饥饿的食蛇，一次可以吃完3条毒蛇。

蛇毒在现代医药上有很大的用途，从19世纪末期到现在，已能制出几种蛇毒的混合血清和止血特效药了。因此，蛇毒在国际市场的价格，视其种类及毒素的强度而定，越是厉害的蛇毒，它的价格也就越昂贵。

浮城

在日本新宫市新宫驿西部，有一个经常浮动不定的小岛，面积不过几平方千米大，却是日本最奇异的一块地方。人走在上面，会感到脚步轻轻地浮起，因此这座小岛就取名为浮城。

浮岛的形状是长方形的，它的地质是由泥炭层的潮湿原土所形成，浮在沉没的沼泽上，深度大约是1000米。岛的下方不断地产生炭瓦斯，其强大的浮力将小岛托起，像木筏在海面上浮动一样。如此的浮动性长年不息，数百年来如一日，因为只有浮动而没有类似强烈震动或是地面龟裂，所以一直浮而不沉。

岛上的地面有许多天然的小孔，能从中喷出炭瓦斯，如果在小孔上面点燃一根火柴，炭瓦斯即会熊熊地焚烧，像煤气火苗一样，不会熄灭。

岛的中央处是有名的蛇穴，除了蛇蟹出没之外，也有其他的

小动物。蛇穴的四周到处都可以发现像井池一样的小沼泽和金黄色的小河流。水有多深不知道，但很难看见底部。水流是金色的，这是因为水质属酸性的缘故。沼池内和河里也有鱼生存，而且多属于淡水鱼。

浮岛的森林带，生长的树木许多已有百年的树龄了，如海苔藤、山鹿黎、山杨梅、大明竹等。除此之外还有许多奇异的植物，最奇异的是林中的树干很少发现有直的，几乎都是左右倾斜，或纵横交织，树根也是左右绵延着，这也许是因为浮岛的移动所造成的自然奇迹。

很早以前浮岛周围水面是相当广大的，而经过多年的发展和移动，岛的面积又增加了少许，而且有一边接近了陆地，森林的一部分尖端已与新宫市陆地连接了。或许过不了多久，浮岛会完全与陆地相接，而成为三面临海的半岛。日本政府已把浮岛列为旅游观光点，供人游览。许多人都对这个不可思议的怪地方感到好奇。

干尸之城

在墨西哥以北160千米处有个叫其拿查部的城市，该城坐落在2700多米的险峻高山上。城中有一座古代的僧院，院内藏有许多形形色色的死尸，其中有人头、人骨以及完完整整的干尸。它们有的倒在地上，有的盛装站立在墙边，使这里到处充满着恐怖！哪怕是一个大胆的人，走进这座僧院，也会感到毛骨悚然。

这些其拿查部居民的干尸，有许多动人的故事。据说干尸中

有一对恋人站在教堂地窖的墙边，被一个嫉妒的情敌谋杀，他俩相伴死去后，仍然站立在墙边，变为两具干尸。

另一个是关于同一个教堂里诗歌班的故事。这个诗歌班的人都死了，被安放在一间密室里，时间过了几百年，现在他们依然一个个站立在那里。这个死人诗歌班，有男高音、男低音和女高音，他们仍然张大嘴巴，好像还正在唱歌似的。

其拿查部城位于高山上，空气非常干燥，因此僧院内死尸不易腐烂，时间长了就变成了干尸，故人们称其为"干尸城"。

开罗死人城

在开罗城东南有个耐人寻味的地方叫开罗死人城。这里原是来自世界各地的伊斯兰学者亡灵安息之地。爱资哈尔大学是世界上最古老的大学之一，它的年龄比它所在的开罗城仅小3岁，享有"千年学府"之美名。

当年全世界杰出的伊斯兰学者，都以能在爱资哈尔大学深造而感到骄傲，并以死后能葬在爱大附近的墓地而感到荣幸。于是，1000多年来，这块风水甚佳的爱大墓地面积日趋扩大，发展到近代，就成了一座颇具规模的"城市"。

当初，这块墓地里，只准安葬伊斯兰学者的尸体，故而坟墓的设计如同清真寺，具有浓厚的伊斯兰色彩。整个墓地，只见清真寺宣礼塔一座紧挨着一座，成了"千塔之城"。而且墓地修饰讲究，造型奇特，参观者到了墓地，并没有墓地里通常有的阴森凄凉的感觉。

随着时代的变迁，这块墓地除了安葬有地位的伊斯兰学者外，有钱的上层贵族和富有的穆斯林都被允许埋葬在这里，在近代，更有一些贫困的穆斯林也挤进了这块墓地，从而使墓地的建筑出现了差别，有的高大讲究，有的矮小简陋，从中可以区别墓主生前的社会地位及家庭情况。

由于埃及人口迅速增加，出现了人口危机，再加上经济困难、住房紧张，这块沉静了千年的古墓地成了那些由外地或农村来到开罗的流浪汉落脚谋生的宝地。

尤为严重的是开罗城内许多住房多年不修，塌房事件时有发生，不少居民从倒塌的楼房迁出后，无处安身，不得不来到死人城安居。他们把家具、电视机等搬进这里，在此度过一个个炎热的白天和潮湿的夜晚，据官方保守估计，在这里安身的"墓地居民"已达几十万之多。

梦游城

秘鲁东南部有一个风景秀丽的蒙特莱城，该城有20000多居民，大半都患有梦游病症。白天城内幽静无人，一到午夜，街道上就行人熙攘，热闹非常，原来这些人都患有梦游病症，当他们

睡至午夜时，就都到马蹄上去梦游。

　　这些梦游患者，都身穿睡衣，闭眼张嘴，双手向前伸，或在街头徘徊，或在天台上的围栏边散步，有的能站在横竖交错的旗杆上，有的如马戏班走钢丝表演杂技，真是形形色色，无奇不有。外来的游客误认为这里是鬼魅作祟，以至都吓得毛骨悚然，虚惊一场。

　　蒙特莱城居民的梦游症是先天遗传的，并非后天心理或生理上变异影响的。这些梦游者，虽然在梦游中做种种危险活动，但却很少遇到意外而丧命。曾经有过一个市民，午夜梦游，忽然从天台上掉下受伤，当即被送往公立医院救治。当时正好医生不知梦游到哪里了，护士到处寻找也没找到。等医生回到病室时，那

伤者也失踪了。原来伤者睡在医院病床时，忽然梦游病发，然后梦游回家去了。

最离奇的是有一次一个窃贼趁城中富商梦游外出之际，偷去其财物约8000万元，然后藏在郊外秘窟中，警方很长时间无法破案。而有一天夜里该窃贼梦游病发作，也梦游进城，径自走进警所之内，早上醒来，才发觉自投罗网。

延 伸 阅 读

埃及有"死人城"里住活人这一传统。埃及人认为，墓地是生者的一部分，而不仅仅属于死者，墓地是生命的开始，因此，埃及人自古有活人、死人"不分家"的习俗。

值得一游的奇城

巨物城

　　巴西圣保罗州有一个叫伊杜的小城，尽管它的面积不大，但由于这里生产和出售的东西都是"特大"型号的，如香烟和棒冰长近一米，火柴盒大得像饭盒，因此得名为"巨物城"，这里每年都吸引着大量游客。

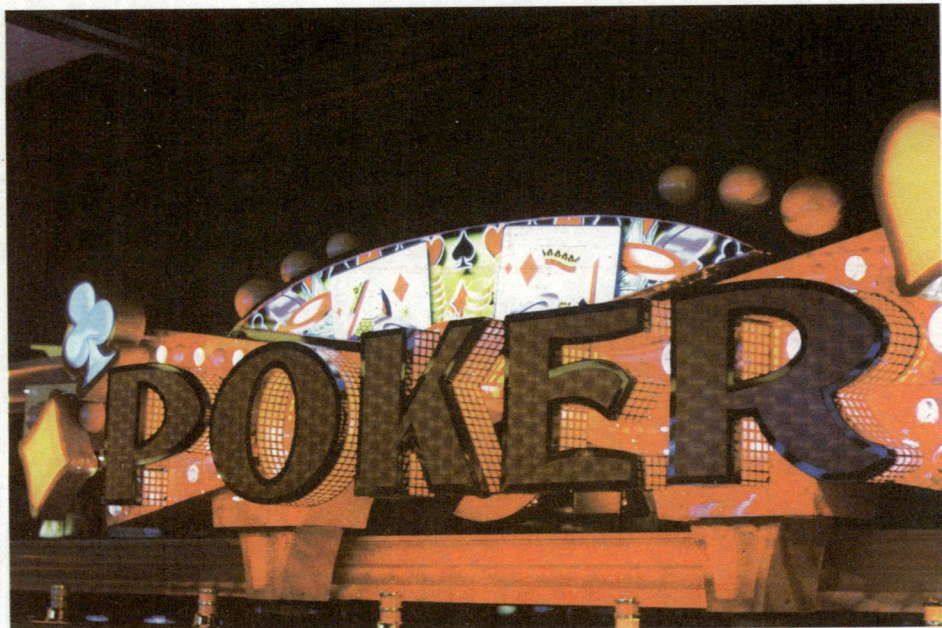

扑克城

德国的阿尔切布克市以扑克艺术闻名于世。在市中心的广场上，耸立着四根大圆立柱，上面分别雕有红心、方块、梅花和黑桃4种扑克图形。

城中有一座世界上最大的扑克博物馆，陈列着1200多种扑克展品，城内几家扑克制造厂的产品畅销世界。这里还是世界扑克法院的所在地，它承办和判决国内和国际扑克比赛中发生的各种争端和疑难问题。

微笑城

美国爱达荷州的波卡特洛市于1948年通过了一项法令，规定全市居民都不准愁眉苦脸，违者要到专门的检查站去学习微笑。这项法令旨在鼓励市民以乐观的态度面对逆境。该城自称是美国的"微笑之都"，并且每年举办一次"微笑节"。

希望城

位于阿根廷博琴顿河岸的一座小城立有一条人人都要遵守的规则：任何到这里来居住的男性不得娶妻。这里的人认为，没有结婚的男人做事才会专心，事业上才会有成功的希望，因此，他们将小城取名为"希望城"。

笑城

保加利亚的未永洛沃市素有"笑城"之称，这里的居民性格开朗，谈吐诙谐。他们有两句名言："幽默是健康的源泉与标志"，"讽刺比打骂高明"。这里设有世界上唯一的幽默与讽刺宫。

宫内有一所收藏20 000多部世界著名幽默与讽刺作品的图书馆，绝大部分藏书都有作者亲笔签名题字，展览厅内陈列着各国幽默家的照片、作品手稿以及根据这些作品雕塑的人物模型，这

里还有欧洲各国狂欢节使用的各种各样逗人发笑的假面具及各种
喜剧服饰。

人们同时就寝的城市

每天晚上21时整，英国古城里彭市的中心广场上都有专人吹
响号角，这号角声即是命令全城居民停止交际往来，各自回家就
寝休息的准则，里彭市的居民从不抗命违禁。

这一传统始于1099年，在之后漫长的岁月中，只有一天中断
过，因为那一天有个歹徒将号角偷去卖给了旧货店。第二天这只
号角被找回来，这传统又恢复了。

世界各地的奇城

秘鲁首都利马，年降雨量只有37毫米，是世界上几乎不见雨
的城市，因此被誉为"旱城"。

印度阿萨姆邦乞拉朋齐城，年降雨量达12000毫米以上，最高

可达22900多毫米，因比被称为"世界雨城"。

保加利亚的索菲亚城，共有花园草场几百处，家家都种着花草，因此享有"世界花城"的美称。

缅甸的薄区城有440座佛塔，成为举世闻名的"万塔之城"。

奥地利首都维也纳，是音乐大师贝多芬、莫扎特生活过的地方，这里建有许多歌剧院和音乐厅，每年有一次为期一周的文化节，故有世界"音乐城"之誉。

德国慕尼黑的啤酒远销世界各地，每年一次的"啤酒节"要喝掉100万千克啤酒，次酒量雄居世界第一，有"酒城"之誉。

捷克斯洛伐克的哥特瓦尔城是全国制鞋工业的中心，年产各种鞋靴两亿双，畅销世界100多个国家，有"鞋城"之称。

意大利的那不勒斯城，紧靠世界著名的活火山维苏威火山。公元79年火山爆发，火山熔岩巧妙地把附近一座名叫庞贝的城市掩盖了起来，从此庞贝城秘密地在地下度过1800多年，直至20世纪初才被考古学家发现。城市中的一切建筑都完好无损，有人叫此城为"地下城"。

延 伸 阅 读

在新疆准噶尔盆地西北部的乌尔和地区，有一个大风口，气流呼啸，常常发出"呜呜"的怪叫声，像神话里的魔鬼在嗥峰耸立，千姿百态，令人胆战心惊，该城被称为"魔鬼城"。

救人性命的流星

虔诚的传教士

斯丘阿特·瓦特夫妇是一对虔诚的传教士，他们夫妇受到前苏格兰传教士利文斯通的影响而选择从事这项工作。利文斯通终身致力于在非洲的传教事业，希望把非洲所有的人都变成基督徒。可惜他未能完成这项事业，最终死在了非洲。

临死之前，他嘱咐不要把他的尸体带出非洲，让他长眠于

此。他的朋友们将利文斯通的心脏挖出来埋在非洲，而把他的身体带回了苏格兰埋葬。利文斯通的精神感染了斯丘阿特·瓦特夫妇，他们决定要继承利文斯通未完的事业。于是他们带着4个年幼的孩子，开始了在非洲的传教生活。

在非洲独立之前，许多国家还处在非常落后的时代，到处都是部落居民。这些部落里有许多狂热的文化保守主义分子，他们大多都信仰本民族的宗教，对外来传教者十分排斥。所以，瓦特夫妇经常受到各种文化保守主义分子的攻击和挑衅。为此，英国军方曾多次要求瓦特夫妇离开这些地区，到一些安全地带传教。但是瓦特夫妇认为这是上帝交给他们的任务，他们必须在这些其他传教士不愿意来的地方传教，越是艰难就越需要留下来。

流星救了传教士

瓦特夫妇将小教堂建在一个部落外面的小山丘上，这个部落是个十分狂热的战争民族，经常挑起与附近部落的战争，是英国在这一地区重点防范的部落。瓦特夫妇的传教在这个部落基本不起作用，还时常受到部落居民的歧视和攻击。

有一次，这个部落的人受到蛊惑，上千名居民拿着原始武器前来攻击瓦特夫妇。瓦特夫妇紧紧抱着孩子，跪在地上虔诚地祈祷上帝的援助。然而，当时英国军队远在几十千米之外，根本来不及救援。当地居民叫嚣着冲进栅栏，团团围住小教堂，瓦特夫妇几乎陷于绝望的境地。就在这些武装了的土著人将要冲进来的时候，所有的人都看到了一个巨大的火球从天空急速降落，最终落在了这个部落的附近。

然后，天空中发出一声巨响，超过了几千门大炮的轰鸣声，震得众人耳朵发痛。这一连串的变故惊呆了发动围攻的居民，他们认为这是上天对他们的惩罚。

那些刚才还在叫嚣着围攻小教堂的土著人都跪了下来，祈求

上天的宽恕。难道这只是一个巧合吗，那个巨大的火球只不过是流星坠落，与空气摩擦燃烧起来而已。巨大的流星陨落，将地面砸出了一个巨大的坑，发出巨大的声响。但是这一及时出现的流星拯救了瓦特夫妇和他们的孩子。瓦特夫妇也以为是上帝救了他们，因此对上帝更加顶礼膜拜。

延 伸 阅 读

　　流星是分布在星际空间的细小物体和尘粒，它们飞入地球大气层，跟大气摩擦发生了光和热，最后被燃尽成为一束光，这种现象叫流星。我国现保存的最古年代的铁质流星体是四川隆川陨铁，大约是在明代陨落的，重58.5千克。

不平静的棺材

喜欢倒立的棺材

18世纪末，在太平洋的巴贝多斯岛上，有一个以种植业发了大财的沃尔龙德家族。

这个家族在岛上的基督城，兴建了一个巨大的家族坟墓，进口处用一块巨大的大理石封闭。从外表看起来，不像坟墓，倒像是个堡垒。这个家族里只有一个名叫高大德的太太于1897年葬入此墓。

1899年，蔡斯家族买下了负债累累的沃尔龙德家族的这块墓

地，并于1918年和1922年分别安葬了蔡斯家的两个女儿。

然而，1932年，第二次开墓安葬死去的两个女儿的父亲托马斯·蔡斯时，怪事发生了：两个女儿的铜棺竟然头朝下倒立在那里，但周围没有盗墓的迹象。

1961年，为安葬族里的一名男子再度开墓，发现要8个人才能扛得起的托马斯的棺材，靠着墓穴的一面墙竖立着。从此，怪墓的消息不胫而走。

8个星期后，另一场葬礼又将举行，全岛甚至附近岛上的居民们都拥到现场看热闹。他们没有失望，石墓的大理石封门没有被开启或撬动的痕迹，但打开墓穴后，蔡斯家的那副棺木依旧竖直放在那里。

20世纪70年代，巴贝多斯岛的两任总督之一的库勃莫尔为了破解这个谜团，于1979年亲自监督工人将棺材放好。大理石墓门用石膏封好后打盖封印。

1980年4月，他接到报告说墓中传出声音，便随即到墓地去看个究竟。封印和石膏完好如初，但打开墓室后，他们看到棺木横七竖八，凌乱不堪。经过若干次仔细勘察之后，还是并没有找到答案。

科学家们分析，无论仇家报复还是自然灾害乃至地震，都不可能导致石棺产生这种神奇地移动现象。但是，墓内棺材的数次移动确实引起很多人的恐慌。

1982年，墓中的棺材被转移至别的地方。从此，石墓恢复了平静。

千里返乡的棺材

1899年，美国一个名叫查尔斯·阔夫兰的著名演员逝世，安葬在得克萨斯州的加尔维斯顿。

到了第二年的9月，一场罕见的风暴席卷了加尔维斯顿，风暴掀起的滚滚巨浪，漫上了岸，竟把阔夫兰的棺材从海滨墓场的墓穴中冲了出来，卷入了大海。

风暴过后，阔夫兰的女儿凯尔·德尔德看到被破坏的墓穴，想到父亲死后竟然不得安宁，不禁失声痛哭。

为了找到父亲的棺材，凯尔·德尔德每天四处寻找，她还几次在报纸上刊登广告说："若有人发现来路不明的棺材，务请通知，必有重谢！"

年复一年，凯尔·德尔德始终没有放弃寻找父亲棺材的念头。

光阴荏苒，转眼20多年过去了，还是没有任何线索，凯尔·德尔德却为此花费了几百万美元。

在阔夫兰逝世28年后1927年9月15日的早上，凯尔·德尔德打开报纸，突然，一条新闻跳入眼帘——

"著名演员查尔斯·阔夫兰在1899年去世，葬于加尔维斯顿。翌年，该地遭到特大风暴，他位于加尔维斯顿的墓穴被海水冲开，棺材被卷入大海。死者家属长期以来四处寻找，一直未曾发现。可是，令人惊异的是，现已查明，这口棺材随着墨西哥湾的海流，绕过佛罗里达海岸，已抵达阔夫兰诞生的故乡爱德华王子岛。棺材竟安然无恙地漂流了3000千米！"

"天哪！真有这样的事！"凯尔·德尔德半信半疑地给报社打了电话，回答十分肯定："是的，事实正是如此！绝对没错。"

凯尔·德尔德又惊又喜，赶忙奔赴爱德华王子岛，果然见到了阔别近30年的父亲的棺材，并重新为父亲举行了隆重的葬礼。

这口棺材是如何经过27年的漂流而重返故乡的呢？至今仍无人能解。

巴巴多斯移动棺材之谜

这件事就发生在大西洋里一个叫巴巴多斯的岛上。该岛上有一处珊瑚石垒成、水泥加固的大墓穴，门口用大理石封住，平时都用大锁紧紧地锁住。

可是，就在这样严密的保护下，墓穴里的棺材多次发生了移动，这引起了人们的好奇心。

在第一次发现棺材被移动了的时候，墓穴主人的家族还以为是仇人的恶作剧。

他们将棺材全部放回原

处，又在大理石门上加了锁和封条。可当家族里有人去世，人们再次进入封条和大锁完好的墓穴时，发现棺材又被移动得乱七八糟了。

于是，人们相信这不会是别人捣的鬼，而应该是棺材本身的问题，那么，这些棺材身上有什么特殊之处呢？

人们检查后发现，棺材是普通的木质棺材，与其他棺材没有任何不同之处。

宇宙中绝大多数现象都可以用常识来解释，但会移动的巴巴多斯棺材是怎么回事，却是一个不解之谜。

延 伸 阅 读

按照巴巴多斯岛上的习俗，富有的种植园主家庭通常会使用笨重的铅封结构棺材，这种棺材需要6至8个壮汉才能移动。赖斯特彻奇陵墓是由珊瑚石砌成，并由一块沉重的蓝色德文郡大理石板封口。

杀人的石头

为何派探险队员去耶名山探索

1967年,非洲耶名山发生了强烈地震,震后向耶名山东麓远远望去,总是有一种飘忽不定的光晕,尤其是雷雨天,更是绮丽多姿。

据当地人说,这里藏着历代酋长的无数珍宝,从黄金铸成的神像到用各种宝石雕琢的骷髅,应有尽有。神秘的光晕就是震后从地缝中透出来的珠光宝气。这种说法究竟是真是假,谁也不能证实。政府为澄清事实,便派了探险队员去耶名山东麓探索。

探险途中发现死尸

探险队员来到这里以后，便是雷雨交加。在电闪雷鸣中，探险队员清晰地看到不远处那片山野的上空冉冉升起一片光晕，光亮炫目。光晕由红色变为金黄色，最后变成碧蓝色。暴雨穿过光晕，更使它缤纷夺目。雨停后，他们继续前进。

探险队在那片山野上发现了许多死人，根据观察，这些人已经死去很长时间了，身躯扭曲着，表情十分痛苦。但奇怪的是，在这么炎热的地方，竟没有一具尸体腐烂。探险队猜测这些人可能是不听劝告偷偷进山寻珍宝的。可是他们为什么会莫名其妙地死去呢？为什么尸体没有腐烂呢？

队员丧命"杀人石"

探险队员四处搜寻线索。突然间，一名队员发现从一条地缝里发出一道五颜六色的光芒，色彩不断变幻着。难道真是历代酋长留下的珍宝？经过一个多小时的挖掘，人们终于从泥土中清理出一块重约5000千克的椭圆形巨石。半透明的巨石上半部透着蓝色，下半部泛着金黄色，通体呈嫣红色。探险队员们费了九牛二虎之力才把巨石挪到土坑边上。

这时一位队员突然叫道："怎么回事，我四肢发麻，全身无力！"另一位队员也说："我的视线模糊不清！"队员们纷纷开始抽搐，相继栽倒。此时，只有阿勃还保持清醒，他想这可能与那块巨石有关。

他不由得想起那些死因不明的尸体，浑身不禁一颤。为了救同伴，阿勃强拖着开姶麻木的身体，摇摇晃晃地向山下走去，准备叫人来。刚走下山，他就一头栽倒了。

过路的人发现了躺在路边的阿勃，把他送进了医院。经抢救阿勃终于清醒了过来，并将他们的遭遇告诉了人们。之后，他又闭上了双眼。医生检查发现，阿勃受到了强烈的放射线的照射。

后来有关部门立即派出救援队赶赴山上抢救其他探险队员，但无一生还。而那块使许多人丧命的"杀人石"，却从陡坡上滚入无底深渊。人们因此丢失了破解石头杀人之谜最重要的证据。

"杀人石"之谜

有人说"杀人石"是一个巨大的放射源，只要接近它的人都会被辐射而死；也有人说那是历代酋长为了保护他们的宝藏而寻找出来的"保护石"，一旦有人动了这些宝藏的念头，就会受到

"保护石"的惩罚；更有人认为这块石头是来自太空的陨石，所以才能发出置人死地的放射线。

当然，也有人不相信这块石头的存在，他们认为这可能是探险队员编造的，最后以滚到深渊无法找到来欺骗人们。只是，种种说法都无法找到答案了。于是，有人提出，现在科学技术那么发达，人类完全可以找到这块"杀人石"。只有找到它，才能解开"杀人石"的秘密。

延 伸 阅 读

非洲马里境内有一座耶名山，山上有一片茂密的森林，林中有各种动物，如巨蟒、鳄鱼、老虎等。然而，在耶名山的东麓，却极少有飞禽走兽的踪迹。

能杀人的湖

致命的湖

1984年8月16日的清晨,一位名叫福勃赫·吉恩的年轻牧师和其他几个人正驾驶着一辆小车经过喀麦隆共和国境内的莫努湖。

这时,他们发现路边有位女士正坐在轿车的驾驶室里,仿佛睡着了一样。

但当吉恩走近那辆轿车时,他发现那个女人已经死了。而这时,当牧师转身朝自己的汽车走去时,他觉得自己的身子也开始

发软，腿都有些迈不动了。他觉得自己不能倒下去，否则就会像那位女士一样送命。

很快，吉恩看到，自己的同伴已经一个个倒下去了。

吉恩不敢停步，他要设法逃离这里，到附近的村子里找人，救自己和同伴们。

吉恩逃出去了，但当他带着当地人再次来到莫努湖边时，他的同伴们再也没有醒来。

到上午10时30分，政府当局得知在这条路上丧失的生命已有37人，很明显这些人都是被一种神秘的化学气体所杀害的。这种云状化学气体所包围的一段路面足有200米长。

虽然还没有进行尸体解剖，但通过对尸体进行检查，闻讯赶到的当地医生巴斯断定，这些人都是死于窒息，而且他们的皮肤都有因化学作用而留下的灼伤。

致命之谜

使这些人丧失生命的云状气体是从莫努湖中自然产生的。附近的村民报告说，在前一天晚上有"轰隆轰隆"的爆炸声传出。科学家注意到湖里的水呈棕红色，说明平静的湖水已经翻动过。引起这股云雾的原因是什么呢？

火山学家西格德森认为在最深的水中，通过保持碳酸盐的浓度，微妙的化学平衡使莫努湖发生了强烈的分层。某种东西扰乱了这种分层，使深水中丰富的碳酸盐朝着水面上升。

在这种突然变化的压力的作用，碳酸盐分解释放出二氧化碳，就像打开苏打瓶盖一样爆发了，这一爆发形成了5米高的波浪，使岸边的植物都倒下了。

这股合成的云状物就是密度很大的二氧化碳气体，这股气本

被风带到路上，并一直停留在离地面很近的地方。

西格德森说，很明显，在黎明前的这段时间里，由于天黑村民看不见这一云状物，同时，他猜测到这股云雾中含硝酸，这就使人们天亮时能看见它，也能解释死者皮肤有灼伤的原因了。

延　伸　阅　读

莫努湖底深处有大量致命毒气。1984年，其湖面冒出气泡，毒气随着气泡的爆破声冲入空中，形成"夺命云"。毒气使附近的人及牲畜感到憋气。40人在这次毒气自然泄漏事件中丧生，其中30人是距离此湖30千米的巴富萨姆镇的居民。

有奇异功能的人

全身发绿光的男孩

在瑞士首都伯尔尼，有一位26岁的孕妇，生下一男孩，这个男孩身体健康，活泼可爱。晚上熄灯后，四周一片漆黑，可是男孩身体却发出一层绿光。医生们用各种仪器和方法对男孩进行检查，认为他各方面都健康正常，根本找不出发绿光的原因。对男孩的母亲进行检查也找不出原因。医生们想从男孩父亲身上找原

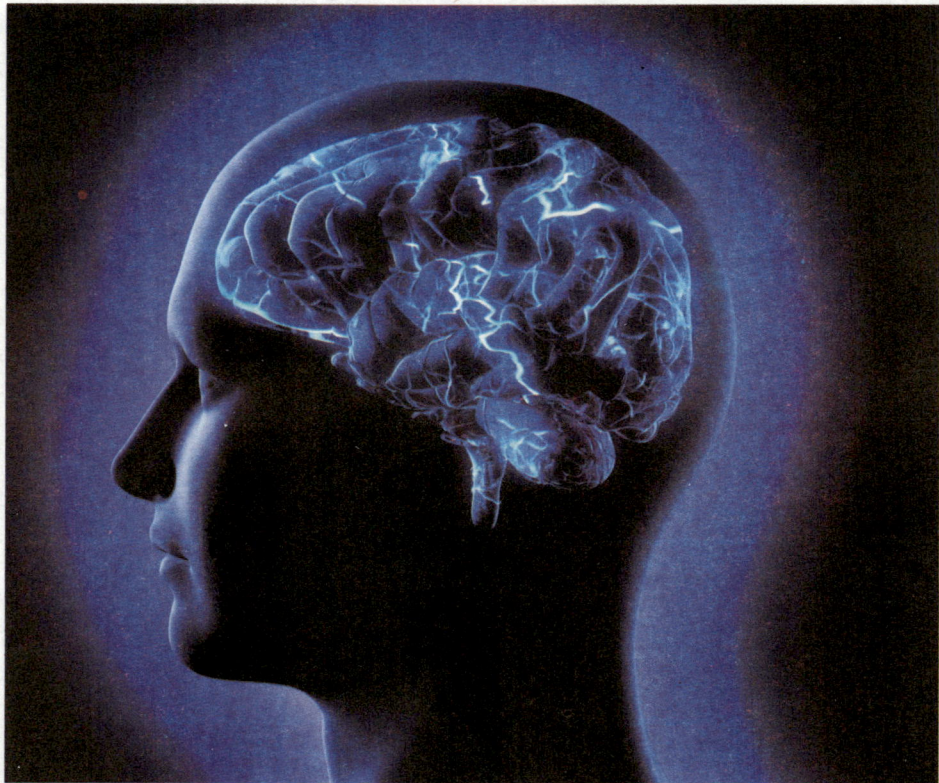

因，可是，男孩父亲却不知去向。男孩的母亲贝尼丝，大约在一年前认识了男孩的父亲，他俩一见钟情，当贝尼丝知道自己怀孕后，想把这个喜讯告诉爱人，但却找不到他了。她曾报过警，也请过私人侦探找他，但至今也没找到，男孩的父亲就这样神秘地失踪了。据推测，男孩这一特异功能可能与他神秘的父亲有关。

辨认残留信息的人

　　一个被称为小于的少年具有透视的功能。一次科研工作者请她现场透视一个黑色公文包中的物品，她看了一会儿说，包里有3块手表。但打开一看，包里只有两块表。小于又看了一下，口气更坚决地说，是有3块手表！而且还说出了不在包内的那块手表的牌子和形状。

实验组负责放表的人听后大吃一惊，他说他起先确实放了3块手表，在测试前5分钟临时改变了主意，把小于刚才讲的那块手表从包里拿了出来，当然他们这是无意的，没想到小于竟能"看"到放入后又取走的物品。小于的这一特异功能，被称为"辨认遗留信息"或"辨认残留信息"。

肉眼能当放大镜

在吉林省长春中医学院发现了一个肉眼能当放大镜的人：他的眼睛能使被测物体放大若干倍，从而将一些常人用肉眼无法分辨的微小物体，分辨得清清楚楚。

他自己对外宣称他能分辨极微小的物体。为了证实他的特异功能，中医学院的科研人员就请他用特异功能观察血球计数板上的白细胞及尘埃的数目、位置，而工作人员则同时用放大100倍

的显微镜来观察作为对照。这样的实验他们共做了51次，结果这位特异功能者用肉眼观察到的白细胞数、尘埃数及其分布位置，与显微镜下观察到的完全相符。可见，他的眼睛确实具有使物体放大100倍的功能。

用脚丫能认字的人

1980年2月的一天，在上海科学会堂内举行了全国第一届人体特异功能科学讲座会，台上坐着十几位青少年，他们将向大家公开表演各种非凡本领。

华东师范大学物理系的陈涵奎教授对常州来的特异功能者赵红很感兴趣，陈教授研究了一辈子的物理学，他对这类特异功能现象当然不会轻易相信，他要亲自做实验。他把自己亲自做的试样放在陈红脚底下，让她踩着认字。

时间一分钟一分钟地过去了，只见她若无其事地和旁人谈笑

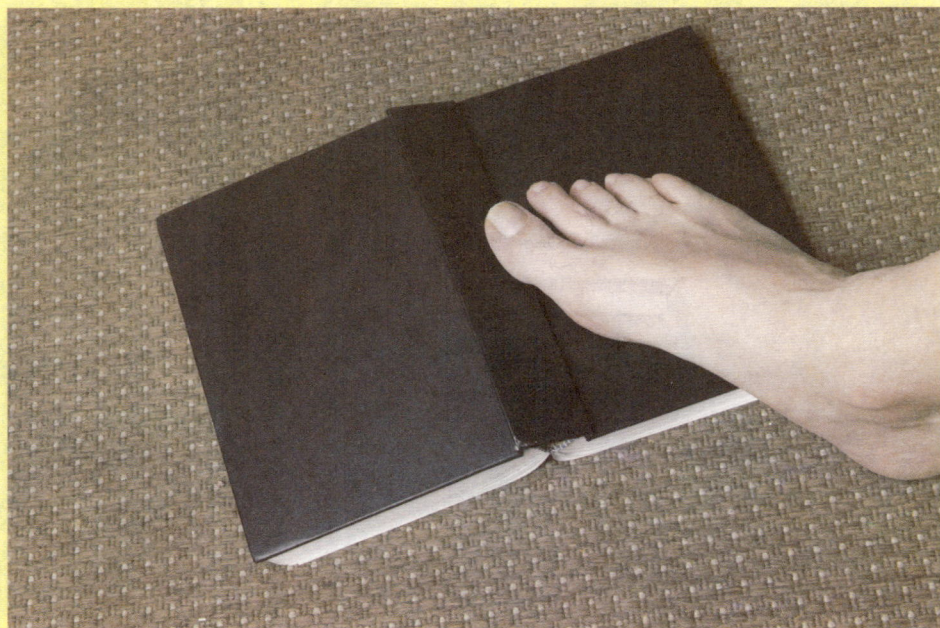

着，陈教授却是非常认真地注视着赵红，过了10多分钟，她说纸上是用黑色笔写的"物理"二字，打开试样，果然是这两个字。陈教授问赵红是怎么"看"到的？

赵红说："当试样放到脚底下后，只要用心去想，一会儿脑子里就好像看电视一样，一幕一幕地把字的笔画亮出来，颜色也看得很清楚，这样就认出来了。"

这回陈教授完全相信了，因为他的试样除他之外没有第二个人知道，而从整个测试过程来看，赵红连头都没低下过，所以不可能作假。他认为这种特异功能虽然一时还搞不清楚，但科学上的许多重大发现总是现实先于原理的，他相信将来总有一天会弄清它们的奥秘。

能准确报时的女孩

吴金芝是黑龙江省齐齐哈尔市北满钢厂第三小学的学生，她不看钟表，就能准确地报出时间。一天，记者来到她家，把屋内

的钟表藏好等她从外边进来后，突然问她几点了。她望一眼花盆中的倒挂金钟花，看看窗外的太阳，说："8点50分。"大家一看表，一分不差。

一天下午，她在路上玩，有人问她几点了，她说："2点15分。"一看表和她说的差了4分半钟。到后来，广播报时的时候，问话人才发现自己的表快了4分多钟。

又有一天晚上，她从外边回来，父亲问她几点，她闭灯看看外边的月亮，回答说："7点零1分。"简直完全正确！

她白天看太阳，晚上看月亮，阴天观天空。问她看到了些什么，她说："看天空里，天空里就有个似圆形的大挂钟，上面有时针和分针，白天是蓝色，晚上或阴天是灰色的。"

不用眼睛辨形察物的人

蒙上眼睛后仍能行走自如，这恐怕不是一件容易的事，而世上确实存在具有这种特异功能的人。

一个叫巴克斯的男人骑一脚踏车进入车水马龙的纽约市，轻松地穿越热闹的时代广场后停下来，引来许多人的围观。因为他全程一直蒙着眼睛。巴克斯的这种特异功能在本世纪三四十年代盛名一时，不过，世界上还有其他人具有这种功能。

1893年，有人发现失明的范契尔能用指尖"看"普通的印刷书籍。

同年，在意大利还发现了一个能用左耳垂和鼻尖"看"东西的14岁盲女。神经病专家布罗梭医生在为她看病时，想用铅笔戳她的鼻子，她立刻闪开，并且嚷道："你想戳瞎我吗？"这些人的特异功能引起法国科学家罗曼的极大兴趣。他经过多年实验，在1920年发表了洋洋洒洒的论文，题为《非眼视觉》。1960年，美国弗吉尼亚州艾勒森镇14岁女童傅丝就有此异能，曾经由专家详加测验。她被紧紧蒙住两眼后，仍能阅读随意选出的文字，识别颜色及物体，甚至与人下棋。

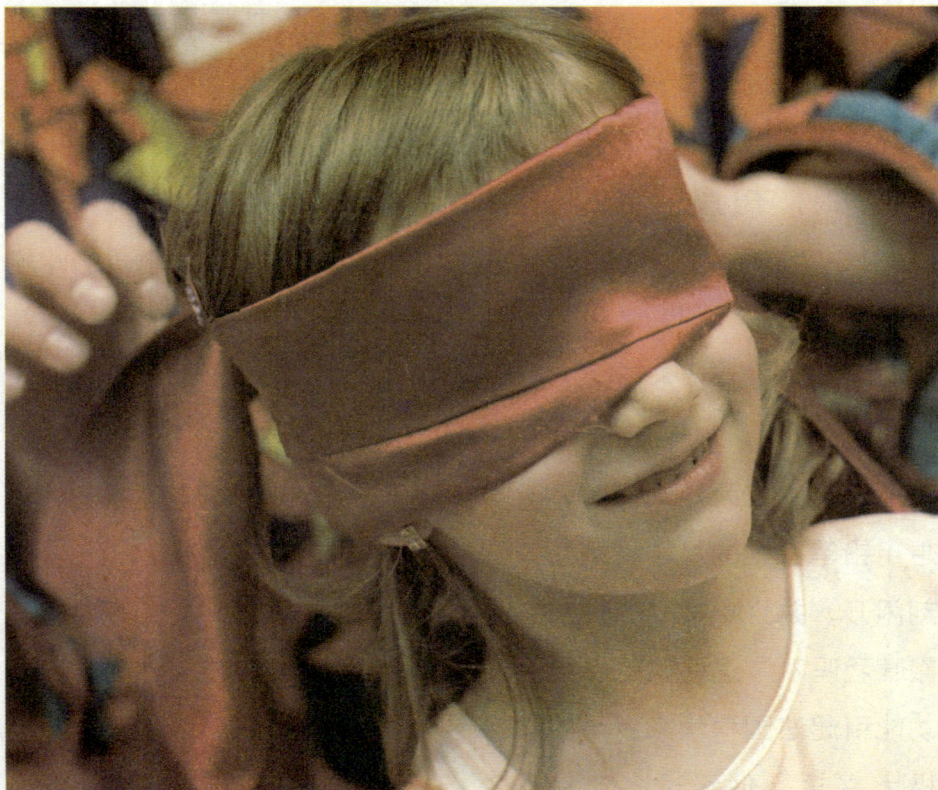

    1963年，前苏联医学研究人员报道了库力休娃的特异功能。库力休娃被蒙住眼睛，在几项严格控制的实验中，用指尖和手肘"看"报和乐谱。纽约市哥伦比亚大学心理学尤慈博士通过进一步研究断定库力休娃和其他具有相同特异功能的人，对不同颜色所吸收的热量极其敏感。

    他们可以不靠眼睛阅读，是因为黑色油墨吸收的热量较多，其温度要比周围易于反射热量的白纸高。这个说法虽然可以解释有人能用指尖或手肘"看"东西的原因，却不能解释巴克斯、傅丝等人为何不用接触就能"看"东西。非眼视觉的情况确实存在，但它的成因仍是一个解不开的谜。

会飞的人

1986年9月20日晚上，在上海华东师范大学的礼堂里，香港的陈慧华和萧洁欢二位小姐为上海市新闻单位和一些科研部门进行腾空奇功表演。一开始，两位女士在绿色地毯上双膝交叉成莲花状，双目紧闭，席地而坐，不一会，陈慧华小姐低垂着头，立刻又抬起，然后又垂下，如此反复多次。而萧洁欢小姐则不同，她始终抬头静止不动。

过了10多分钟，陈慧华小姐的身体开始抖动。随之双手上升，身体也跟着向上腾起，离地高度大约30厘米，向前飘移60厘米。然后落下，再腾起，再飘移，像这样一而再，再而三。萧洁欢小姐开始时也浑身抖动，继而开始腾跃，她们在不到10分钟的时间内，各自腾跃

了56次和52次。这两位小姐靠腾飞的特异功能成了全世界最出色的杂技演员。

能单脚站着睡觉的人

在美国加利福尼亚州的蒙培镇有个名叫格利斯的人，他是个舞蹈工作者，但他跳的是独脚舞，而且舞技很精湛。

他从不往椅子上坐，一天到晚，不是一只脚一蹦一跳地走路，就是金鸡独立式地休息，当一只脚站累了，就换另一只脚站立着。更有趣的是，他从来不愿在床上睡觉。困了就用一只脚站着，闭上双眼，很快就能进入甜蜜的梦乡。格利斯自己也不明白这是什么原因造成的。他说："当我用双脚站立的时候，头立刻就会疼痛难忍，也有一种轻飘飘的感觉。如果叫我坐着或躺着，我就要昏过去。所以，还是单脚站着舒服些。"

能用手心煎鱼的人

四川省绵阳市供电局工程师、四川省气功研究会高级气功师李家俊，在手掌心放上一条鲜活的鲤鱼，过一会儿，就见鱼直冒青烟，空气中立即弥漫着烤鱼的香味。而他却神情自然，谈笑风生，还不时将煎熟的鲤鱼展示给四周的群众验证。掌心煎熟一条鱼，最多只需要两三分钟。

李家俊的奇技远非仅此一项，他的表演多达数十项。他能手

持220伏的正负极裸线伸入水盆中煮熟鸡蛋和面条，还能伸出3个手指表演380伏三相电短路。在一次表演中，他将3根1000瓦的电炉丝串联在一起，使口腔带电并短路，结果将3根电炉丝烧红并烧断。据1989年1月省科协对他做抗电鉴定表明，李家俊身体的导电耐压能力分别达到5毫安和500伏，均为常人的10倍。

能预报地震的女人

在美国加州有一名具有特异功能的女子，能够准确地预报地震发生。这位女子名叫夏洛蒂，每当她预感到地震发生时，就会听到一种声音，有时声音的变化会令她感到头痛和胸痛，而根据声音的变化及疼痛的部位，她可预测地震将发生在什么地区。1985年4月27日，她打电话给通讯社，说墨西哥在12小时内将发生6级以上的地震，结果在3小时后墨西哥就发生了7级地震。过了

不久，她通知墨西哥领事馆，说另一次类似强度的地震将再次发生。第二天，墨西哥真的又发生了一次6级地震。

夏洛蒂准确预报地震不止这一次。在1985年5月5日她曾打电话给一家通讯社，说自己预感到在加拿大、阿拉斯加、阿留申群岛或日本将发生一次大地震。两天后，阿留申群岛果然发生了地震。

从1976年开始，她有时能在耳里听到13种不同的声音，她是凭借声音的不同来预测地震的位置和时间的。

有固氮功能的奇人

生活在新几亚内亚贫瘠山区的一些土著居民，他们的饮食结构十分简单，一个人每天只吃一些山芋、蔬菜，至多再加上一点点豆类和花生。但生活在这个贫穷山区的土著居民，并不像人们想象的那样憔悴，骨瘦如柴，恰恰相反，在

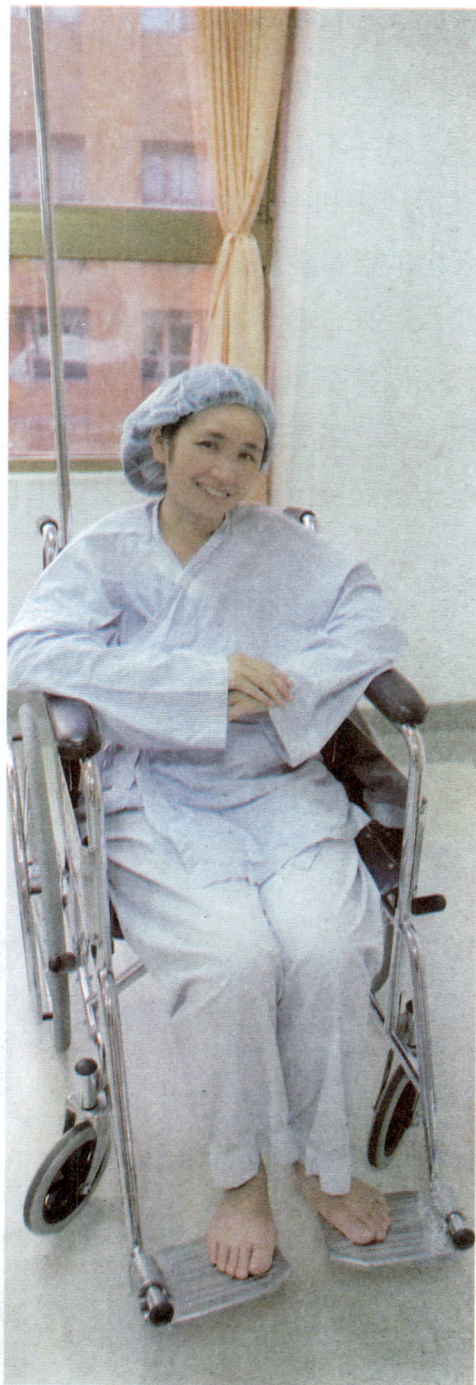

这些土著居民中，无论男女老幼，个个都十分健壮，没有任何营养不良的症状。

科学家们对这种情况大惑不解，于是，决定对这些土著居民进行周密和细致的检查。结果在这些土著居民的粪便中，发现氮元素的含量竟然远远超过他们进食的含氮量。

后来，科学家在这些土著居民的肠道里找到了固氮菌，正是这些固氮菌默默地在这些土著居民的人体内吸收和固定空气中的氮元素，继而合成了人体必需的蛋白质。科学家们也无法解释这些土著居民的肠道内为什么会有固氮菌。

一分钟能说585个字的人

一分钟之内讲585个字，你可以想象到吗？也就是说，每一秒钟要讲约10个字。也许你经过尝试之后会发觉这几乎是不可能的，因为人的嘴不可能说得那么快，而且就算说这么多字，别人也不知道你说什么。法伦·卡普却可以做得到。她被人冠以"马

达口"之称，而且最新一期的"世界纪录大全"已把她列入其中，成为世界上说话最快的人。

她的每分钟585个字的纪录相信可以维持很久而无人能打破。法伦·卡普并非天生便是"马达口"，她说，"小时候我说话并没有这么快，但随着纽约的快节奏生活，我逐渐加快了说话的节奏。"

法伦的快嘴也是她糊口的本钱。很多人都知道电台和电视节目的时间便是金钱，任何人在最短时间内提供最多信息便是金钱，所以她成为很多广告商争相聘用的艺人，因为在短短30秒广告时间，她能说出近300个字，这可以涵盖丰富的信息量。

一年不喝水的人

在世界闻名的撒哈拉大沙漠中部，居住着一个只有17名男子、18名女子的土著小部族。他们都住在地下的洞穴里，肤色与沙漠的土色一样。他们除了用一小块兽皮遮身外，都不穿衣服。

他们白天一般不出去，只有在傍晚到第二天黎明前，才在沙漠上狩猎和寻找食物。经人类学家调查，这一土著部族人之所以能在撒哈拉沙漠中顽强生存与他们具有的特殊生存本领分不开。他们有高超的狩猎本领，当发现野骆驼后，两名猎手便一左一右持弓飞快地追赶，两箭齐发，射中野骆驼的双脚，然后再捕杀。

他们很耐热，可以在50摄氏度以上的高温中生活。他们又很耐旱，除从食物中摄取少量水以外，可以在一年中不进一滴水。

神秘的蹈火者

在地中海爱奥尼亚群岛的希腊村子里，每年都要举行一次最奇特的舞会。歌舞者既不穿防护服，更不穿隔热靴，只凭一双赤裸的双脚，在高达几百摄氏度的煤块上载歌载舞。

据说这是为了敬仰古希腊国王君士坦丁而举行的庆祝晚会。

长期以来，人们对此曾进行过种种的猜测和解释。有人说这些蹈火者的痛感已经麻木。因为他们当时的神态已处于迷糊状态；有人说是他们体内排出的汗液巧妙地使人体的脚掌与煤块隔开；还有人推测煤灰也具有某种奇能……

事实上，这些解释都不能自圆其说。德国物理学家长格决心解开这个谜，于是他在1974年亲临该岛，在非常近的距离内仔细观察这些蹈火者。然后他独具匠心地设计了一个有趣的实验：仪式开始之前，他将一种在一定温度下能改变颜色且极敏感的涂料搽在一位蹈火表演者的脚上，随后细致地拍摄了表演者全过程中的一切变化。

人们从他拍下的精彩影片中看到，这位表演者在一块烧红的煤块上行走4分钟之后，又站在另一块煤块上达7分钟之久。而当长格把这种特殊的涂料淋在煤块上时，其颜色变化表示温度竟高达316摄氏度以上。

这着实令长格只得无可奈何地说："无论如何，在现代的物

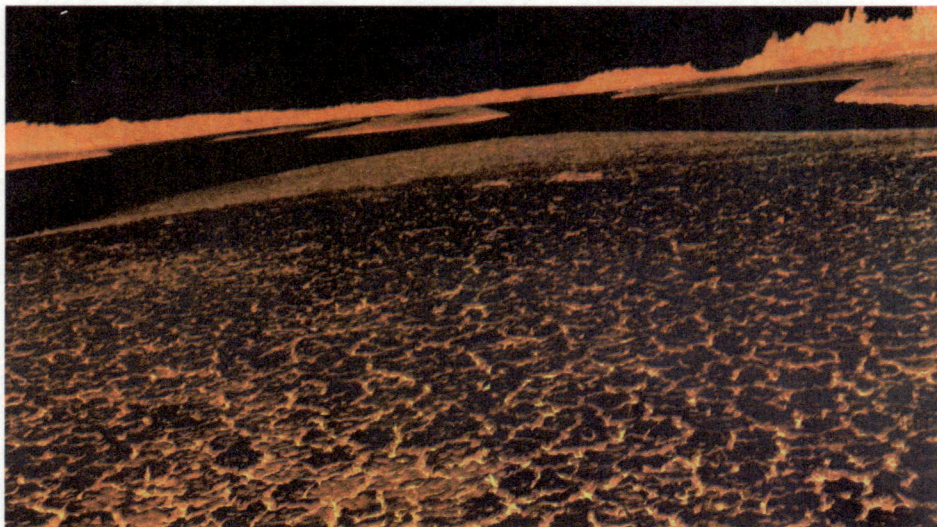

理学领域中很难找到满意的答案。"

　　另一位人类学家史蒂凡·克恩曾于1972年至1976年间花了整整16个月进行详细研究，企图从心理学中找到答案。他认为蹈火现象正是体现了人的意念可支配物质的典型例子，指出这种意念可支配自身神经对周围环境的感觉，但此解说缺乏说服力。因此，这一神奇的蹈火现象依然是个不解之谜。

延 伸 阅 读

　　美国一家商店遭劫，老板被窃贼射中一枪。令人惊奇的是，子弹打在他的脑壳上却被反弹回去，并没有射入他的体内，他因此而奇迹般地"捡"回了一条命。他到医院检查，医生告诉他，是他的"硬"脑壳救了他。

自然界的奇物

会笑会叫的石头

在我国四川省石柱土家族自治县的坳石湾，有两块会笑的石头。这两块上下相连的巨大龙骨石均呈燕尾形，上面的一块约4立方米，下面的一块底部埋在地里，露出地面约5立方米，两石相接处有1米左右。

令人奇怪的是，下面的石头有一个小孔，只要用手按住这个孔，就好像碰到了石头的"痒处"一样，上面的石头笨拙地摇头晃脑，不停地发出"咯咯咯"的笑声，10米以内都可以听见。

与此相似的是，河南林县石板岩乡也有一块半截埋在地下的石头，它露出地面的部分约5米高，略似圆柱体。到了傍晚，你就会听见石头发出一种"哼哼"的声音，就好像老母猪在叫，这种叫声可以持续几个小时，因此当地的人们称它为"猪叫石"。

科学家经过研究，发现这些石头的下面有半埋在地下的风洞，当风吹进洞口，经过石头内部空洞的共鸣，产生了类似笑、叫的声音，并向四周传播，人们就好像听到石头在笑和叫。

会走路的石头

在俄罗斯普列谢耶湖东北处有一块能够自行移动位置的"变位石"。

该石呈蓝色，直径近1.5米，重达数吨。近300年来它已经数次变换位置。自1840年蓝色怪石出现在普列谢耶湖畔后，如今它向南移动了数千米。

17世纪初，人们在阿列克赛山脚下发现了这块会走路的巨石，后来人们把它移入附近的一个挖好的大坑中。

数十年后，蓝色怪石不知何故却移到了大坑边上。1785年冬天，人们决定用这块石头建造一座新钟楼，同时也为了压制它。

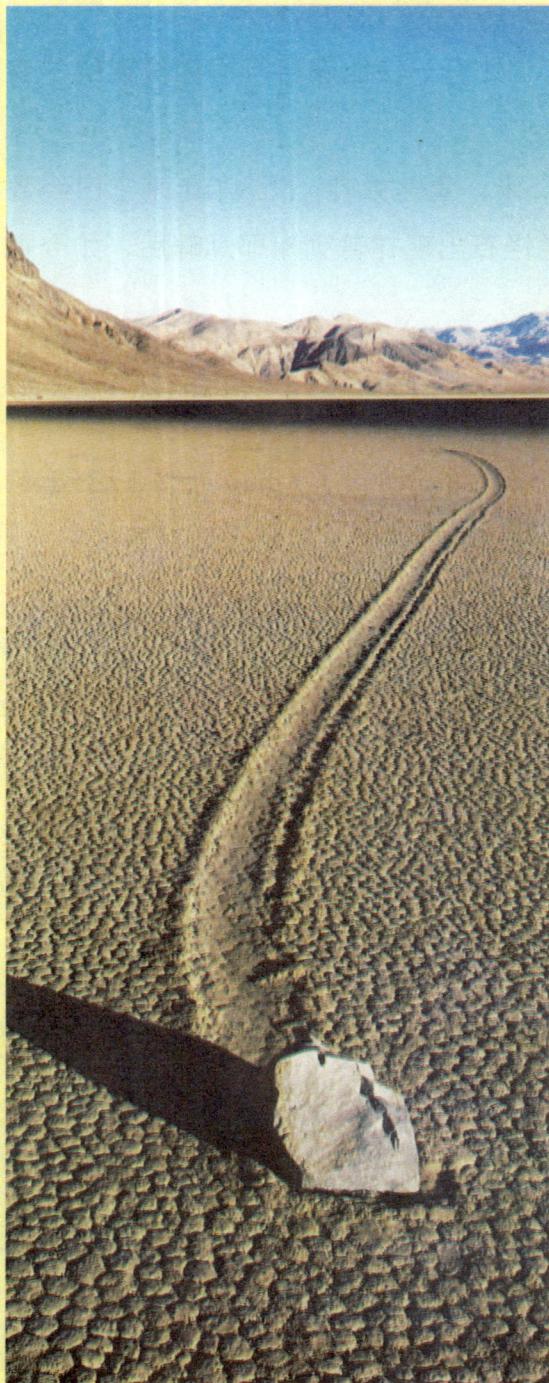

当人们在冰面上移动它时，不小心将它坠落湖底。而至1840年末，这块巨大的蓝石竟躺在普列谢耶湖岸边了。

科学家们对这一奇特的现象进行了长时间的分析研究，但始终未能解开其中的奥秘。变位石同重力场之间究竟存在着怎样的联系呢？

奇怪的航行石

死亡谷国家公园有太多的奥秘，其中就包括自然界最奇怪的现象：石头会走。

在那近乎干枯的赛马场盐湖床上，石头们趁人不注意，就会走起来。

科学家们是凭借石头在其身后的地上留下的痕迹才知道它们在动，其实他们自己并没看见。

当然，我们不能完全排除有人恶作剧的可能性，但至少确实有些石头在移动。

赛马场盐湖不常下雨，常下雨的时候湖水会泛滥。石头们并不会浮起来，但对石头移动的解释就归结为，由于潮湿的石头下面的泥变得湿滑，大风吹来的时候就更容易推着石头前进。

另外一个解释是，暂时沉积的水会结成大面积的薄冰，有助于风力的反射和集中，更容易推动石头前进。要想推动石头，风力需要达到至少每小时100千米。这就是为什么有时人们把这些石头称为"航行石"的原因。

无独有偶，美国加州死谷名胜区也有一种"会走路的石头"。

这些石头散落在龟裂的干盐湖地面上，普遍长达1500米，石头大小不一，外观普通，奇怪的是每一块都在地面上拖着长长的凹痕，有的笔直，有的略有弯曲或呈"之"字形。这些痕迹看来是石头在干盐湖地面上自行移动造成的，有些长达数百米。石头怎么会移动呢？

加州理工学院的地质学教授夏朴经过多年研究，找出了其中的奥妙。他选了30块形状各异、大小不一的石头，逐一取了名字，贴上标签，并在原来的位置旁边打下金属桩作为记号，看看

这些石头会不会移动。

　　结果不到一年的光景，除了两块以外，其余的都离开了原来的位置。有一块还移动了多次，共"走"了200多米，另一块石头一次就走了230多米。

　　夏朴研究了石头的"足迹"，并查核当时的天气情况，发现石头移动是风雨的作用，移动方向与季节风的方向是一致的。

　　盐湖每年的平均雨量很少，但是即使微量雨水也会形成潮湿的薄膜，使坚硬的黏土变得滑溜。这时，只要附近山间吹来一阵强风，就足以使石头沿着湿滑的泥面向前滑动。

能发出声音的石桥

七孔桥位于河北省清东陵，清东陵有15座陵寝，建有大小不等、形式各异的石桥100座，七孔桥就是其中的一座，它全长110米、宽9米，两边共装有石栏板126块。

令人奇怪的是，只要敲击一下看似普通的石桥的栏板，就会发出悦耳动听的声音。每块栏板大小一样，形状相同，然而发出的声音却不同，有的浑厚低沉，犹如木鱼、钟磬发出的声音一样，而有的则清脆尖亮。我国古代声乐中分宫、商、角、徵、羽5个音阶，所以人们也把这座桥称为五音桥。

据化验，石桥的建造材料含有50%的铁质方解石，因此能发

声，当地人把这种石料称作响音石。这种石料在清东陵还有一些，如下马碑座、定陵宝顶的两扇石栅栏门等。这种响音石是如何发出声音的呢？科学家们至今尚未找出答案。

会唱歌的茉莉花

辽宁省辽阳市一位叫樊洪玉的老人，平时喜欢养些花花草草。这一来可以给自己找个活儿干，打发无聊的时光；二来花草能净化室内空气，有利于身体健康。在众多的花儿中，那盆茉莉花可以算是他的最爱了。这盆茉莉花自从5年前从花市上买来，就一直陪伴着樊洪玉老人。老人对茉莉花的照料也是格外地精心。

可是前不久，一件奇特的事情让樊洪玉老人兴奋不已。

夏天的一个傍晚，老人吃过饭后在窗前闲坐，忽然听到一阵悦耳的声音。老人仔细辨别才知道声音是从茉莉花盆中传出来的。一开始他以为是小虫子在叫，因为这个季节小虫子很多。老人想把虫子从花盆中赶走，以免它们伤害到茉莉花。可是，老人找了半天也没发现一只虫子，后来他才发现原来是茉莉花发出来的声音。

这一发现让老人非常的惊讶，因为在自己的经验里还从未出现过如此奇特的事情。此后，几乎每天晚上的18时左右，那盆茉莉就会发出悦耳的声音，就像人在唱歌一样。而且，无论外界声音有多大，茉莉都依然歌唱，似乎从不受外界的影响。有时候，

樊洪玉老人把电视机声音开得很大，却依然能清晰地听到茉莉的歌声。

　　莉花唱歌的消息不胫而走，许多人慕名前来观看这一奇特的现象，也有记者前来采访。《北方晨报》就有一个记者在深秋季节的一个傍晚登门拜访了樊洪玉老人。在记者刚刚进门的时候，茉莉花就发出了悦耳的声音。声音有些像夏季野外彻夜长鸣的青蛙，但要比它动听。

　　记者将录音笔放在花盆旁，想把花的声音录下来。当记者准备坐回座位的时候，不小心碰到了茉莉花，结果正在唱歌的茉莉花立即停止了歌唱。

原来，茉莉花虽然不受外界声音的影响，但在它唱歌的时候是不能碰它的，不然它就会"罢唱"。

花儿会唱歌，竟然有时候还要"罢唱"，真是不可思议，而且至今也没有人能够解释这一奇特的现象。看来这要成为一个长期不能解释的自然之谜了，这可真是大千世界无奇不有啊！

会冒泡的血液

在意大利，每年5月和10月，那不勒斯大教堂周围总有几千人聚集在一起等待着亲眼目睹奇妙的现象——冒泡的血液。教堂之内，有两个装着红棕色凝结物的小瓶子。

据说，那是一位被罗马皇帝斩首的哲人——圣·杰组尔瑞斯流出的血。人们对这两个瓶子进行祈祷，瓶子内的红棕色血块会恢复生气，转变成冒着泡泡的鲜血。

几百年来，神学家和历史学家围绕着瓶中物质是不是真的血块而争论不休，直至1902年，科学家决心调查并揭开"圣血"的内幕。他们把瓶子放在那不勒斯大学的实验室内，用白色的单纯光线穿透瓶中物质，结果发现，其折射情况与通过人体血液的同一光源完全相同。然而，使科学家们感到迷惑不解的是，正常血液经过800年的时间早就该腐败了，决不会依然保持如此新鲜，也许，里面有一些至今未被人知晓的奇异物质。

1950年，那不勒斯大学的兰伯丁教授试图向教堂执事索讨一部分瓶中物，以便进行彻底的化学分析，但对方不愿让"圣血"离开瓶子，因为他们怕开瓶之后"圣血"会立即分解，这使得"圣血"的身份依然不明。

　　最近，有一位名叫郭东的学者发现，放置在教堂的"圣血"，不论周围温度高低，都能不断地冒泡，体积也持续地发生剧烈变化。对"圣血"的猜测和推理还有很多很多，可无论怎样说，仅冒泡血液的奇景已大大超出了常理的范畴，成为又一个不可思议的现象。

延 伸 阅 读

　　在非洲的马达加斯加生长着一种能够捕虫的植物，名叫猪笼草。猪笼草的捕虫囊内有种蜜腺能够分泌蜜汁引诱昆虫，昆虫进入捕虫囊后，猪笼草内侧的稍带黏性的消化液，就全慢慢将昆虫消化掉。掉进囊内的昆虫多数是蚂蚁，也有一些会飞的昆虫，如野蝇和蚊等。

海洋中的口技专家

海中金丝雀

白鲸以多变化的叫声和丰富的脸部表情而闻名，早期的捕鲸者称之为"海中金丝雀"。白鲸广泛分布于北极与亚北极地区，自古以来它们一直是北极地区人类社会的重要商品，为当地原住民提供了食物、燃油、皮革等物资。它们的活力与适应力、特殊的外貌、易受吸引的天性以及可接受训练等因素，使其成为海洋世界的明星之一。

几个白鲸集中的地区已成为赏鲸圣地，包括加拿大东部的圣劳伦斯河下游与哈得孙湾、西部的丘吉尔河河口。白鲸的潜水能

力相当强，对于北极的浮冰环境有很好的适应力。

白鲸出生时身长：1.5米至1.6米，体重80千克至100千克。最大身长、体重纪录：雄性4.2米至4.9米，1100至1600千克；雌性3.9米至4.3米、700千克至1200千克。白鲸的寿命至少为25年，长的可能达50年以上。

白鲸是地道的夏季旅行家，每年7月，成千上万只白鲸从北极地区出发，开始它们的夏季旅行。它们少则几只，多则几万只，浩浩荡荡地游向度假地。一路上它们一边悠闲地游玩，一边不停地表演，平时冷清的海湾、河口、三角洲顿时热闹异常。

优秀的"口技"专家

白鲸是鲸类王国中最优秀的"口技"专家，它们能发出几百种声音，而且发出的声音变化多端，能发出猛兽的吼声、牛的

"哞哞"声、猪的呼噜声、马嘶声、鸟儿的"吱吱"声、女人的尖叫声、病人的呻吟声、婴孩哭泣声……真是五花八门，无奇不有。白鲸还可以发出铰链声、铃声、汽船声等，叫人惊叹不已。能够亲耳聆听白鲸的歌喉，是一种难得的享受。

白鲸不停地"歌唱"，实际上是在自娱自乐，同时也是同伴之间的一种交流，这是它们夏季度假的一个重要内容。

白鲸群进入河口时显得十分兴奋，虽然已经进行了长距离旅行，但它们似乎一点儿都不觉得累。除了用不同的歌喉不停地"交流"之外，还用自己宽大的尾叶突戏水，将身体半露出水面，姿态十分美丽。

白鲸还可以借助各种"玩具"嬉耍游玩。一根木头、一片海草、一块石头都可以成为它们的游戏对象。它们可以顶着一条长长的海藻，一会儿潜泳，一会儿浮升，嘴里不停地发出欢快的声音。有时它们迷上了一块盆子大小的石头，先是用嘴拱翻石头玩，接着把石头衔在嘴里跃出水面，更绝的是它们会把石头顶在头上像杂技演员那样在水面上表演。

白鲸不仅体态优雅，也极爱干净。许多白鲸刚游到河口三角洲时，全身附着许多寄生虫，外表和体色显得十分肮脏，它们自己也好像极不舒服。这时它们纷纷潜入水底，在

河底下打滚，不停地翻身，还有一些白鲸则在三角洲和浅水滩的砂砾或砾石上擦身。它们天天这样不停地翻身，一天长达几个小时。几天以后，白鲸身上的老皮肤全部蜕掉，换上了那白色的整洁漂亮的新皮肤，体色焕然一新，非常美丽。

延 伸 阅 读

　　自从17世纪以来，由于捕鲸的高额利润，捕鲸者对白鲸进行了疯狂的捕杀，致使白鲸数量锐减。更加可悲的是白鲸的生态环境遭到毁灭性的破坏，一批批白鲸相继死亡。

最神秘的海洋动物

海洋中的庞然大物

座头鲸虽然不是世界上最大的鲸类,但也是海洋中当之无愧的庞然大物,体型肥大而臃肿,体长达11米至19米,体重约为40吨至50吨。

它的头相对较小,扁而平,吻宽,嘴大,嘴边有20个至30个

肿瘤状的突起，有趣的是每个突起的上面都长出一根毛，而身体的其他部位却全都没有毛。

鲸须短而宽，每侧都在200条以上。背鳍较低，短而小，背部不像其他鲸类那样平直，而是向上弓起，形成一条优美的曲线，故得名"座头鲸"，也叫"弓背鲸"或者"驼背鲸"。

胸鳍极为窄薄而狭长，约为550厘米左右，几乎达体长的2/3，鳍肢上具有4趾，其后缘有波浪状的缺刻，呈鸟翼状，所以又被称为"长鳍鲸""巨臂鲸""大翼鲸"等。

下颌至腹部有20条左右很宽的平行纵沟或棱纹，腹部具褶沟。通常身体的背面和胸鳍呈黑色，腹面呈白色，但也有的背面和胸鳍也呈白色。

雌兽体后的下侧长有一条细长的裂口，终止在肛门附近，据说在繁殖的时候，雌兽就是用它包裹住雄兽的生殖器，来完成交配动作的。

座头鲸的习性

座头鲸分布于太平洋、大西洋及世界其他各海洋中，在我国见于渤海、黄海、东海、南海和台湾海域一带。

它们一般在寒带和热带之间的一定海域中洄游，并有固定的洄游路线。

例如，在美国夏威夷群岛附近，每年从11月开始，都有大约400只座头鲸汇集于温暖的水域里越冬，从翌年3月下旬开始离开向北迁徙，当再次接近陆地时，已经是在几千千米以外的北太平洋了，其中有一些可以到达白令海峡，另一些则到达阿拉斯加东南分散的小岛附近海域。

不可想象的是，这种庞然大物竟然是以鳞虾这种体长还不到

一厘米的小型甲壳动物为主要食物的，此外还有鳞鱼、毛鳞鱼、玉筋鱼和其他小型鱼类等。

座头鲸的嘴张开时，其特殊的弹性韧带能够使下腭暂时脱落，形成超过90度的角度，口的横径可达到4.5米，可以一口吞下大量的鳞虾或较小的鱼类，但其食道的直径则显得太小，不能吞下较大的食物，这可能就是它们只能吃小动物的原因之一。

由于越冬期间好几个月都不进食，为了维持那硕大无朋的身躯所需要的体能，它们在夏季里便要吃大量的食物，常常可以连续吃上18个小时。

由于日照充足，北方冰川地带的海湾里浮游生物大量滋生，养育了以浮游动物为食的鳞虾，数量巨大，常常数百万只群集在一起，因此为座头鲸提供了极为丰盛的食物来源。

具有社会性的动物

座头鲸是有社会性的一种动物，性情十分温顺可亲，成体之间也常以相互触摸来表达感情，但在与敌害格斗时，则用特长的鳍状肢，或者强有力的尾巴猛击对方，甚至用头部去顶撞，结果常造成皮肉破裂，鲜血直流。

座头鲸游泳的速度很慢，每小时约为8千米至15千米，在海面缓缓游动时，就像一座冰山一样，身体的大部分沉在水下，有时又像是一个自由漂浮的小岛，人们在海岸上也能看到它们露出海面的身体。

座头鲸游泳、嬉水的本领十分高超，有时先在水下快速游上一段路程，然后突然破水而出，缓慢地垂直上升，直至鳍状肢到达水面时，身体便开始向后徐徐地弯曲，好像杂技演员的后滚翻动作。

　　它们可以钻入水中快速潜水游动，仅用几秒钟就消失在波浪之下，进入了昏暗的深渊。露出水面呼吸时，从鼻孔里会喷出一股短粗而灼热的油和水蒸气混合的气体，把周围的海水也一起卷出海面，形成一股蔚为壮观的水柱，同时发出洪亮的类似蒸汽机发出的声音，被称之为"喷潮"或"雾柱"。

　　有时它们还兴奋得全身跃出水面，高度可达6米，落水时溅起的水花声在几千米外都能听到，动作从容不迫，优美动人。在它们的皮肤上不仅常附着藤壶和茗荷等蔓足类动物，而且还携带着许多诸如鲫鱼一类有吸盘的动物，加起来足有半吨之多，然而这似乎丝毫也不影响它们的行动和情绪。

　　座头鲸的配偶原则为一夫一妻制，雌兽每两年生育一次，怀孕期约为10个月，每胎产一仔。当雌兽带着幼仔时，往往另有一只雄兽紧跟其后，它的任务是对入侵的其他鲸或小船进行拦截，不过要是遇上凶恶而狡猾的虎鲸时，它就无能为力了。

像其他哺乳动物一样，雌兽用乳汁喂养幼仔，乳汁由乳头自动挤出，幼仔在水中吸食，幼仔发育很快，每天体重可以增长40千克至50千克，更令人叹服的是雌兽在哺乳期间为幼仔的成长提供一切营养，而它自己却可以很长时间不吃东西，直至几个月以后才开始寻找食物。

雌兽与幼仔之间也常常是温情脉脉的，幼仔用两鳍触摸着雌兽，有时好像是抓在雌兽的身上。座头鲸的寿命为60年至70年。

地道的海中灵物
在鲸类王国里，座头鲸可谓是一种地地道道的海中灵物了。

座头鲸的背鳍很短小，胸部鳍状肢窄薄而狭长。它们经常挥舞像鸟翼一样的胸鳍拍打击水，在海面经常做出各种精彩表演。座头鲸不但外貌奇异，而且智力出众。

它们会使用气泡形成的柱网捕食，而且它们的叫声悦耳悠扬，善于变化创新。所以，人们把座头鲸叫做神秘歌手。生物学家称赞它们是海洋中最杰出的"歌星"。

夏威夷水域自古以来就是座头鲸的越冬地。从18世纪至20世纪期间，在人类的大量捕杀下，座头鲸的数量剧减。直至1966年，在科学家们的呼吁下，国际捕鲸委员会才颁布了禁止捕猎座头鲸的法令。

1970年，国际自然资源和自然保护联合会，把座头鲸列入世界濒危动物名单。我国已经把座头鲸列为国家二级保护动物。

座头鲸的神秘之歌

据生物学家的最新研究发现，座头鲸用以交流的"歌声"中包含有人类语言要素。不过尽管研究者认为鲸在本质上尚未拥有自己的语言，但他们还是发现了座头鲸歌声与人类语言之间的相似之处。

研究小组负责人玲木真田，人类和鲸都是用抽象的声音单位进行交流的。这些声音单位通过不同等级的结构组合在一起，就好像一篇文章是由段落组成的，一个段落是由句子组成的，一个句子是由分句组成的一样，以此类推，它们都位于不同的层面的。

他还补充说："就座头鲸的歌声而言，一段歌是由一首首歌组成的，一首歌是由旋律组成的，一个旋律是由一个个短语组成

的，一个短语则是由一个个音符组成的。"将所有这些要素归纳起来看，就会发现座头鲸有某种类似自己语法的东西，这就好像句子中的词汇按语法的顺序排列一样。

玲木和他的同事约翰·布克、彼得·提阿克设计了一个电脑程序，通过该程序将座头鲸的歌声分成小段并转换成数学模型。而后，通过一种信息理论技术分析每个符号的平均信息量，对其复杂性和结构进行数量化。

电脑分析和人工观察都发现它们的歌声不但有层次分别，还能够在每秒内传递大量信息。

一般，人类每说出一个词就能传达出一个信息，甚至更多。但鲸是在水中进行交流的，而且通常都是长距离的，由于声音在水中的传播速度是在空气中的4倍，因此水有助于"歌声"的传播。

马萨诸塞斯大学研究合作人詹妮弗·克西斯·欧德斯也是世界上少数几个利用信息理论对鲸的歌声进行研究的人。她非常赞同这一新发现。她目前也正在用信息理论对座头鲸的交流进行研究，而且也得出了同样的结论。

她也认为水生动物的歌声和声音不能用现有的语言来分类，她和玲木都承认他们还无法了解座头鲸歌声的含义，这还需要更进一步的研究。

玲木说："这就是我们所知道的一点东西。座头鲸歌手通常

都是雄性，而这些歌很可能是求偶的表白。歌的种类则随着求偶季节而不断发展，并且一个族群的所有动物似乎都用的是同一首歌。也就是说座头鲸是在互相学习的。不过关于这一点的细节尚不清楚。而这些歌的意思也不清楚。"

延 伸 阅 读

　　座头鲸大部分栖息于太平洋一带，总数只剩下4000只左右。我国黄海、东海、南海均有分布。成年座头鲸在中美洲西海岸的哥斯达黎加附近进行交配、分娩、哺乳，之后在食物来源丰富的南极地区休养生息。

海洋中最神秘的鲸

历史上的独角兽

清代南怀仁所著《坤舆图说》一书中写到："独角兽，形大如马，极轻快，毛色黄。头有角，长四五尺，其色明，做饮器能解毒。角锐能触大狮，狮与之斗，避身树后，若误触树木，狮反啮之。"

国外早期的动物志中也有独角兽动物。这些动物的图形都画得像马，但实际动物谁也没有看见过。后来人们逐渐了解到，这独角兽实际上是指北极海域的一角鲸。

一角鲸是生活在北冰洋较深水域的一种小型齿鲸类，雄性有5米长，900千克至1600千克重，雌鲸略小。雄鲸的上颌有两枚齿，唯独左侧一枚按逆时针方向成螺旋状朝前生长，长者可以达3米，竖起来几乎相当于两个人接起来一样高。西欧在17世纪前一直把它的牙误以为是它的角，故名一角鲸或独角鲸。

在兽类中人们一直认为大象的象牙最大、最珍贵，但不知一角鲸的牙才更为奇特。尤其是它那奇异锋利的牙齿，要远比象牙珍贵得多。这牙像摩圆柱一样呈螺旋状，又像轻剑一样尖锐而锋利，简直是一支被磨尖的长矛。

具有神秘色彩的一角鲸

由于这种牙齿在动物中是独一无二的，过去的人们都把它当成魔杖，西欧用它来制药，说它是能治百病的灵丹妙药，这些说法使它蒙上了几多神秘色彩，因此促使它身价百倍，价格非常昂贵。据说，当年罗马帝国查理五世，将一对一角鲸牙交给两位大日耳曼封疆诸侯，以偿还所欠的一大笔债务。

1559年，威尼斯人出价30000威尼斯金币想买其中一枚，但未成交。诸侯们把这牙保存起来作为灵丹妙药，如果氏族中有人命在垂危，家族的代表都集合起来，监督着从长牙上锯下一点给病人吃。

1611年，英船把一枚牙带到君士坦丁堡，有人愿出20000英镑购买它，货主未卖。沄兰西王后凯瑟琳在16世纪中期与法兰西皇太子结婚时，她的叔叔克蒙特七世教皇，送给她的一份厚礼，就是一枚用一角鲸的牙制成的头饰。

西欧稍大一些

　　的领主，餐桌上都要放一根一角鲸的牙，因为领主们认为它是一个能排毒的魔棒，只要在含有毒药的食物或饮酒中，放入这种"角"，毒物便很快变黑、起泡，然后毒性随之消失。所以当时富贵阶层不惜耗巨资来买这神奇的"角"。

　　在历代国王的餐桌旁，有专门侍从擎着它。还有的将它装饰在国王的宝座上，或作成珍贵的手杖，或用做帝王所乘车上的华盖支杆，成为权势的象征。

一角鲸的神秘长牙

　　一角鲸其实叫一齿鲸更恰当些，因为雄一角鲸有那么一枚神秘的长牙。本来，在胚胎期的一角鲸有16颗牙，但这些牙好像停止了发育，到出生时，多数牙都退化消失了，仅上颚的两颗留下来，而雌鲸的牙始终隐藏于上颌中，只有雄鲸左侧的一颗才破唇而出，像一根长杆一样伸出嘴外。

一角鲸的牙到底有什么用处，一直是科学家感兴趣的问题。有人认为一角鲸栖于千里冰封的北极，这牙用来破冰以利呼吸；有的认为是用于海底翻砂觅食的工具；也有的说，鲸回声定位时作为发射超声波的天线用；还有的说雄鲸用作统领鲸群，就宛如牧羊人用的赶羊鞭；有的认为是用做攻击船只的工具，或用来使身体散热、调节体温等。

但人们发现，一角鲸是以乌贼、鱼等游泳生物为食，并不需要翻砂，它也不攻击船只，而且雌鲸没有这种齿不照样活得很好

吗？所以多数人认为这长牙不过就像公鸡的鸡冠和狮子的鬃毛一样是雄鲸的第二性征而已，在生殖季节这牙还用于争雌斗争，鲸体身上常有伤疤就是证明。

有的科学家检查了39只雄鲸，有24只的长牙都折断了，有的雄鲸身上有60多处伤疤，有一只被检查的雄鲸下颌有一段9厘米长的断牙，显然是被刺进去的，说明它们的厮杀还是相当激烈的。

但是仍有些问题不好回答，如它们的牙齿为什么只有左侧的一枚延长，而不是右侧一枚或者统统都一样延长？

为什么一定要长成螺旋状，这螺旋状为什么一定是朝左旋而不是朝右旋呢？对此，还有待作进一步的研究。

有关一角鲸的趣事

　　跟自己的大牙比起来,一角鲸的双眼和翻转的嘴就比较小了,都位于它们的长牙下面,不像其他鲸,它们没有背鳍,只有一个低低的脊背。没有背鳍对一角鲸来说不仅不是缺点,反而还成了它们躲避敌人的一个优势。

　　平时,一角鲸活动在北极靠近冰层的附近,如果有杀人鲸想吃它们,它们就飞快地游到冰层下,由于杀人鲸有高高耸立的背鳍,它们害怕弄伤背鳍,所以不敢追入冰下,只好却步。最大的一角鲸有1700多千克,形状像一头大白鲸,它们长有近10厘米厚的脂肪,可以抵御北极地区的寒冷。

　　一角鲸是群居动物，它们常常10只至100只成群游荡在北极周围的水域，追逐鱿鱼和格陵兰大比目鱼，这两种动物都是它们最爱吃的。

　　至于它们怎么捉到食物，就没有人知道了。在游荡中，它们还不断地互相通信，发出尖叫、颤音、口哨声及滴答声。它们发出的声音简直就是震耳欲聋，难怪有人说它们用很大的声音将猎物震昏后吃掉。

　　北极地区的爱斯基摩人把一角鲸叫做尸体鲸。因为它们常常腹部朝上，躺着一动不动，就像一具鲸的尸体。它们只不过是爱斯基摩人的一种不怎么好的猎物罢了。

　　当地人看中的是它们的皮和皮下的鲸油，一角鲸的皮很好吃，还含有大量的维生素C，北极寒冷，缺少水果和蔬菜，鲸皮是个很好的替代品。鲸油可以用来照明和取暖，至于肉嘛，由于不怎么好吃，除非万不得已，当地人是不会吃的，大多数情况下，人们只是用它来喂雪橇狗。

　　过去，一角鲸的牙只不过是一种做鱼叉和矛头的好材料，可是，当欧洲人把它当成宝后，一角鲸的牙就成了它丧命的主要原因。现在，一角鲸的数量正在急剧下降，人们不得不将其列入保护之列了。

　　以前曾有科学家捕到几头一角鲸，给它的长牙上带上无线电监测器后放掉，但没过几天，这些鲸就神秘地逃出了科学家的监控，消失得无影无踪，留给人的只是更多谜。

延　伸　阅　读

　　一角鲸在冰层中生活也有危险的地方。如果在海湾中逗留太久，冰蔓延，冰块之间的缝隙缩小，角鲸会被困其中，被锋利的冰块割伤。在加拿大，有约600头一角鲸被冰块困住，即使不被猎人捕杀，它们也难逃一死。